# INSTRUCTION

## SUR LES

# ENFANTS DE TROUPE

## DU 10 OCTOBRE 1901

PARIS

LÉAUTEY, IMPRIMEUR-LIBRAIRE

A. LE NORMAND, Sʳ

24, rue St-Guillaume et boulevard St-Germain, 187

# INSTRUCTION



# ENFANTS DE TROUPE

## DU 10 OCTOBRE 1901

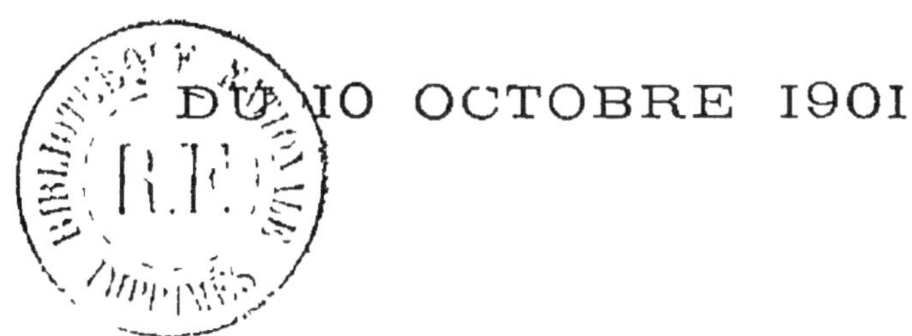

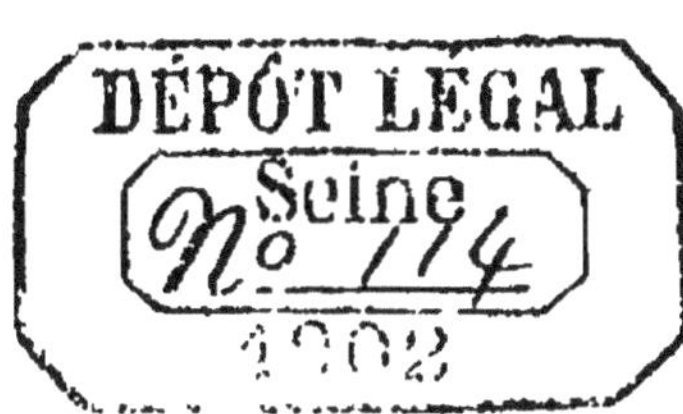


PARIS

LÉAUTEY, IMPRIMEUR-LIBRAIRE

A. LE NORMAND, S<sup>r</sup>

24, rue St-Guillaume et boulevard St-Germain, 187

# INSTRUCTION

SUR LES

# ENFANTS DE TROUPE

## DU 10 OCTOBRE 1901

---

*Instruction du 10 octobre 1901 pour les nominations aux places d'enfant de troupe et l'admission dans les écoles militaires préparatoires et à l'orphelinat Hériot.*

### OBSERVATIONS PRÉLIMINAIRES

Art. 1er. La présente instruction remplace, en les abrogeant, toutes les dispositions antérieures relatives à la nomination et à l'admission des enfants de troupe laissés dans leurs familles, ainsi que celles qui concernent l'administration des candidats dans les écoles militaires préparatoires et à l'orphelinat Hériot.

---

Nota. Les divers imprimés spécifiés dans la présente instruction sont en vente à la maison LÉAUTEY, 24, rue Saint-Guillaume, à Paris.

# TITRE PREMIER

## Admission aux places d'enfants de troupe.

----

## CHAPITRE I<sup>er</sup>

### CONDITIONS D'ADMISSIBILITÉ

Art. 2. Ne peuvent être admis en qualité d'enfants de troupe ou dans les écoles militaires préparatoires que les fils des soldats, caporaux ou brigadiers, sous-officiers, officiers jusqu'au grade de capitaine inclusivement ou assimilés, et les fils d'officiers supérieurs ou assimilés décédés.

Les fils des militaires retirés du service ne sont aptes à concourir qu'autant que leur père est, ou a été, en possession d'une pension de retraite intégrale ou proportionnelle, d'une pension de réforme pour infirmités ou blessures ou qu'il a contracté un rengagement de cinq ans au moins.

Les fils des militaires réformés par congé n° 1 jouissant d'une gratification permanente sont également admis au bénéfice de ces dispositions (1).

Sont admis à concourir aux places d'enfants

----

(1) Décret du 1<sup>er</sup> novembre 1888.

de troupe, sans conditions d'ancienneté de service, les fils des militaires de la réserve de l'armée active, de l'armée territoriale et de la réserve de cette armée, tués à l'ennemi ou morts des suites de leurs blessures.

Ces enfants doivent être âgés de 2 ans au moins et de 13 ans au plus au 1ᵉʳ août pour pouvoir être proposés pour enfants de troupe ; ils doivent être âgés de 13 ans au moins et de 14 ans au plus à la même date pour être admis dans les écoles militaires préparatoires.

## CHAPITRE II

### TRANSMISSION DES DEMANDES

Art. 3. Les demandes d'admission sont fromées par les parents ou tuteurs des enfants. Elles sont adressées, chaque année, avant le 1ᵉʳ juillet :

1º Pour les fils de militaires appartenant à un corps de troupe, au président du conseil d'administration de ce corps ;

2º Pour les fils de militaires ne faisant pas partie d'un corps de troupe, hiérarchiquement au général commandant le corps d'armée, par l'intermédiaire du chef du service auquel ils appartiennent ;

3º Pour les fils de militaires des troupes de terre ayant quitté le service, directement aux généraux commandant les corps d'armée sur le territoire desquels ils résident ou par l'intermédiaire de l'autorité militaire locale ou de la gendarmerie ;

4° Pour les fils de militaires des troupes de mer, directement aux corps de la marine intéressés.

Art. 4. Ces demandes doivent être accompagnées des pièces ci-après :

1° Une déclaration (modèle n° 1) par laquelle la famille ou le tuteur du candidat s'engage à reverser au Trésor la moitié des indemnités perçues par eux dans le cas où l'enfant ne contracterait pas, à 18 ans, un engagement volontaire de cinq ans ;

2° Un certificat délivré par le maire de la localité où est domiciliée la famille énonçant exactement les moyens d'existence, le nombre d'enfants et les autres charges des parents. Ce certificat doit, en même temps, donner des renseignements sur la moralité de la famille. Il est délivré par le conseil d'administration, lorsque le père de l'enfant fait partie d'un corps de troupe (modèle n° 2) ;

3° L'acte de naissance de l'enfant, revêtu des formalités prescrites par la loi (1) ;

4° Un état authentique des services du père et de l'enfant ;

5° L'acte de mariage des parents (1) ;

6° Une déclaration d'un médecin militaire faisant connaître que l'enfant a eu la petite

______

(1) Les pièces n° 3 et n° 5 pourront être établies sur papier libre au titre du service militaire.

vérole ou qu'il a été vacciné (modèle n° 3).

Le médecin constatera, dans ce certificat, que l'enfant n'est atteint d'aucune infirmité pouvant l'empêcher plus tard de contracter un engagement volontaire.

Lorsque le candidat aura l'âge voulu pour entrer dans une école militaire préparatoire. la déclaration à produire par les parents devra être conforme au modèle n° 4.

Le certificat d'études primaires élémentaires, dont la production est obligatoire, ou une copie certifiée, sera également fournie (1).

## CHAPITRE III

### INSTRUCTION DES DEMANDES

Art. 5. Les gouverneurs de Paris et de Lyon et les généraux commandant les corps d'armée font instruire, par les conseils d'administration des corps de troupes placés sous leur commandement, les demandes qui leur sont adressées directement ou par la voie hiérarchique et celles qui leur sont transmises par le ministre.

---

(1) Les examens pour l'obtention de ce certificat étant passés dans les chefs-lieux de canton pendant les mois de juin et de juillet, les corps de troupe adresseront au ministre (1re Direction, 2e Bureau) dans le courant du mois d'août les certificats (ou la copie certifiée) obtenus par les enfants qui doivent entrer dans les écoles militaires préparatoires.

Ils désignent, de préférence, les conseils d'administration de l'arme dans laquelle le père du candidat a servi et, autant que possible, celui qui est le plus à proximité de la résidence de la famille.

Dans les corps d'armée où il n'existe pas de régiment du génie, les demandes formées par des anciens militaires de cette arme seront instruites par un régiment d'artillerie.

Quant aux demandes formées par des anciens militaires résidant en Algérie ou en Tunisie et dont l'arme d'origine n'y serait pas représentée, elles seront examinées par un des conseils d'administration des corps stationnés sur ces territoires (1).

Art. 6. Les conseils d'administration s'assurent que les formalités sont remplies et que les pièces sont au complet : ils réclament celles qui pourraient manquer et établissent un ·mémoire de proposition (modèle n° 5) qu'ils adressent hiérarchiquement le 1ᵉʳ juillet au général commandant le corps d'armée avec toutes les pièces énumérées à l'article 4 pour être remises à la commission régionale (2).

---

(1) Les demandes formées par les anciens militaires de l'armée de terre domiciliés dans les colonies seront instruites par les conseils d'administration des compagnies ou détachements de la gendarmerie coloniale, auxquelles elles seront adressées directement par les intéressés.

(2) Les dossiers des demandes instruites par les con-

Les dossiers concernant les candidats dont le père ne remplirait pas les conditions prescrites par l'article 2 ci-dessus seront retournés dans le plus bref délai, avec un rapport du président du conseil d'administration, aux généraux commandant les corps d'armée, auxquels il appartiendra de renvoyer à la famille les pièces qu'elle aura produites et de lui faire connaître les motifs pour lesquels il n'est pas possible de faire classer sa demande.

Les demandes transmises tardivement seront ajournées à l'année suivante.

## CHAPITRE IV

### CLASSEMENT DES DEMANDES
### PAR LA COMMISSION RÉGIONALE

Art. 7. Les demandes d'admission sont examinées et classées, dans chaque corps

---

seils d'administration des compagnies ou des détachements de la gendarmerie coloniale, qu'ils soient établis en faveur d'un militaire en activité de service dans la compagnie ou d'un ancien militaire, sont adressés au ministre de la guerre par l'intermédiaire du ministre des colonies, de manière à lui parvenir le 1er juillet au plus tard.

Les demandes formées par des surveillants militaires sont adressées directement au général gouverneur militaire de Paris ; elles ne sont instruites que si le pétitionnaire se trouve dans les conditions de l'article 2 de la présente instruction.

d'armée, par une commission nommée par le général commandant le corps d'armée et composée de : un colonel ou lieutenant-colonel d'infanterie, président, et quatre membres du grade de commandant ou assimilés, choisis dans toutes les armes et désignés, autant que possible, parmi les officiers supérieurs résidant au chef-lieu de la région.

Cette commission sera convoquée vers le 15 juillet par les soins des généraux commandant les corps d'armée.

Art. 8. Les titres des candidats sont appréciés et résumés par chacun des membres de la commission au moyen d'une cote numérique représentée par un nombre entier pris dans l'échelle de 0 à 20.

Le total des cotes attribuées à chaque proposition déterminera l'ordre de mérite sur la liste de classement. Lorsque plusieurs enfants obtiendront le même nombre de points, la priorité sera déterminée par l'âge des candidats.

Art. 9. Les classements relatifs au recrutement des écoles militaires préparatoires et à la nomination des enfants de troupe n'ont lieu qu'une seule fois par an.

Le travail de la commission, établi conformément aux dispositions du modèle nº 6, est adressé chaque année au ministre (*Direction de l'Infanterie*, 2ᵉ *Bureau*) par les soins de M. le général commandant le corps d'armée, avant *le* 1ᵉʳ *septembre*, terme de rigueur.

Les dossiers des candidats ne sont jamais joints à cet envoi.

## CHAPITRE V

### NOMINATIONS

Art. 10. Le ministre prononce les admissions dans les écoles militaires préparatoires et aux places d'enfant de troupe d'après l'ordre du classement des commissions régionales.

Toutefois, les nominations aux places d'enfant de troupe ne peuvent avoir lieu qu'autant qu'il existe des vacances dans la série à laquelle les candidats appartiennent par leur âge.

Le ministre désigne les corps de troupe dans lesquels les candidats seront immatriculés.

Art. 11. Les généraux commandant les corps d'armée notifient les décisions du ministre aux conseils d'administration intéressés (1).

Les dossiers des enfants dont l'admission comme enfants de troupe ou dans une école militaire a été prononcée sont adressés au conseil d'administration du corps désigné

---

(1) Les commandants des compagnies ou detachements de la gendarmerie coloniale sont informés, par l'intermédiaire du ministre des colonies, de la décision du ministre de la guerre.

par le ministre pour procéder à l'immatriculation de ces enfants.

Les conseils d'administration donnent avis
de cette mesure aux familles et les informent
qu'à partir de la date fixée par le ministre
elles auront droit, selon l'âge de l'enfant,
s'il s'agit d'une nomination d'enfant de
troupe, à l'allocation annuelle fixée par la
loi du 19 juillet 1884.

Les dossiers des enfants non admis sont
rendus aux familles par les soins des conseils
d'administration qui ont instruit les demandes. Ceux-ci leur font connaître qu'il n'a
pu être donné suite à leur demande, mais
qu'elles pourront la renouveler ultérieure-
ment si l'enfant remplit encore les conditions
d'admission.

Art. 12. Ces diverses communications et
transmissions de pièces sont faites par l'intermédiaire des maires.

# TITRE II

## Administration des enfants de troupe laissés dans leur famille.

---

### CHAPITRE VI

#### PAIEMENT DE L'INDEMNITÉ

Art. 13. Les enfants de troupe sont laissés dans leur famille jusqu'au moment de leur mise en route sur les écoles militaires préparatoires, qui, en principe, a lieu, chaque année, dans le courant du mois d'octobre. Ils ne touchent aucune ration de vivres, mais les familles reçoivent les allocations annuelles suivantes :

Cent francs pour les enfants de 2 à 5 ans ;
Cent cinquante francs pour les enfants de 5 à 8 ans ;
Cent quatre-vingts francs pour les enfants au-dessus de 8 ans.

Art. 14. Ces allocations sont payées sur les fonds de la solde par les soins du conseil d'administration des corps de troupe, pour tous les enfants inscrits sur les contrôles des corps.

Le paiement en est effectué aux parents ou tuteurs par trimestre et à terme échu, directement chez les trésoriers des corps ou

au moyen de mandats délivrés par les tréso-
riers-payeurs généraux ou les receveurs par-
ticuliers et transmis aux ayants droit par
l'intermédiaire des maires.

Les familles ont le choix entre ces deux
modes de paiement ; toutefois, le premier
mode est toujours applicable dans le cas où
l'enfant est fils d'un militaire appartenant à
un corps de troupe et lorsque la famille ré-
side dans la localité où se trouve stationné
le corps de troupe dans lequel l'enfant. est
inscrit.

L'indemnité à payer à la fin de chaque
trimestre aux enfants de troupe doit être dé-
comptée à raison d'un quart de l'indemnité
annuelle, pour les enfants qui figurent sur
les contrôles d'un corps pendant tout le trimestre, et sur le pied de 1/360 par jour,
pour ceux qui ont été portés sur les contrôles ou en ont été rayés pendant le cours
du trimestre, ou qui ont acquis, pendant
cette période, des droits à une allocation
plus élevée.

Art. 15. Le paiement de l'indemnité de
180 francs allouée aux enfants de troupe
laissés chez leurs parents et qui atteignent
l'âge de 13 ans, doit être continué sans in-
terruption jusqu'au jour fixé pour la mise en
route de ces enfants sur les écoles militaires
préparatoires.

# CHAPITRE VII

## VOYAGE EN CHEMIN DE FER

Art. 16. Afin de permettre aux enfants de troupe laissés dans leur famille et voyageant en chemin de fer de profiter des réductions de prix accordées aux militaires, il peut être délivré, sur la demande des parents ou tuteurs, une feuille de route sans indemnité.

Les demandes devront être adressées au commandant d'armes le plus voisin; la mention « accordé » portée sur ces demandes et signée par ce commandant d'armes remplacera l'invitation de feuille de route.

# CHAPITRE VIII

## HOSPITALISATION DES ENFANTS DE TROUPE

Art. 17. Les enfants de troupe laissés dans leur famille sont admis dans les hôpitaux à la charge du département de la guerre, conformément aux dispositions de l'article 196 du règlement du 25 novembre 1889 sur le service de santé. (Vol. 80, E. R., p. 65.)

# CHAPITRE IX

## MUTATIONS, RADIATIONS, SITUATIONS

Art. 18. En cas de changement de domicile, la famille ou le tuteur informe les maires de l'ancienne et de la nouvelle demeure, lesquels en donnent, sans retard, avis aux conseils d'administration intéressés.

Cette disposition s'applique également aux familles des enfants qui sont astreints à un remboursement si l'enfant ne contracte pas, à 18 ans, un engagement de cinq ans. Elles sont, en outre, tenues de fournir, le moment venu, la justification de cet engagement, ou, à défaut, un certificat constatant que ledit engagement a été refusé pour inaptitude physique.

Les décès des enfants ou de leurs parents, les changements qui peuvent survenir dans la tutelle de ces enfants sont également portés à la connaissance des conseils d'administration par les maires.

Art. 19. Sont rayés des contrôles et cessent d'avoir droit aux allocations :

1° Les enfants qui ont obtenu une bourse entière dans un établissement quelconque d'instruction.

Ceux qui ont obtenu une bourse d'externat, une demi-bourse d'internat ou d'autres exemptions partielles de frais d'étude dans un établissement quelconque d'instruction, sont maintenus sur les contrôles jusqu'à l'âge de treize ans révolus et conservent leurs droits aux allocations. A ce moment, ils peuvent, sur la demande des familles, être rayés des contrôles et cessent dès lors de recevoir l'indemnité spéciale ;

2° Les enfants signalés par leur mauvaise conduite et ceux qui seraient condamnés à une peine en matière criminelle ou correctionnelle ;

3° Les enfants auxquels surviendraient, après leur admission, des infirmités les rendant impropres au service militaire.

Les radiations, lorsqu'il y a lieu, sont prononcées par les généraux commandant les corps d'armée, lesquels sont, suivant le cas, renseignés par les conseils d'administration ou les maires.

Art. 20. Les 1er janvier, 1er avril et 1er octobre, un bulletin de mutation (modèle n° 7) est établi par chaque corps de troupe et adressé au général commandant le corps d'armée. Les corps dans lesquels il n'y a pas eu de mutation parmi les enfants de troupe produisent un état « néant ».

Art. 21. Tous ces bulletins, réunis dans un bordereau unique par les soins des généraux commandant les corps d'armée, sont adressés au ministre dans la quinzaine qui suit le trimestre auquel ils se rapportent.

Art. 22. Au 1er juillet de chaque année, les conseils d'administration des corps de troupe de toutes armes, y compris les compagnies de gendarmerie, adressent aux généraux commandant les corps d'armée un état (modèle n° 8) donnant : 1° la situation nominative de tous les enfants de troupe inscrits à cette date sur les registres matricules du corps, y compris lss enfants maintenus, pour ordre, jusqu'à 18 ans en vue du remboursement ultérieur exigé des parents ; 2° les mutations affectant l'effectif, survenues depuis le 1er juillet de l'année précédente.

Ces situations, accompagnées d'un état numérique récapitulatif pour tout le corps d'armée, sont transmises au ministre le 15 juillet au plus tard.

# TITRE III

## Admission dans les écoles militaires préparatoires.

---

### CHAPITRE X

#### ENFANTS DE TROUPE ATTEIGNANT L'AGE FIXÉ POUR ENTRER DANS LES ÉCOLES

Art. 23. Chaque année, au mois d'avril, les conseils d'administration, après avoir recherché sur les contrôles des corps les enfants de troupe de la série appelée à entrer au mois d'octobre dans les écoles militaires préparatoires, mettront les parents ou tuteurs de ces enfants en demeure de produire la déclaration prescrite par l'article 5 de la loi du 19 juillet 1884 (modèle n° 4).

A cette déclaration, qui devra être adressée aux corps avant le 15 mai, les familles devront joindre un certificat d'aptitude physique (modèle n° 3), établi par un médecin militaire, ainsi que le certificat d'études primaires élémentaires obtenu par l'enfant (ou une copie certifiée) dont la production est obligatoire.

Art. 24. En cas de refus par les familles de produire ces pièces, ou faute de les avoir produites à la date du 15 mai, les enfants de troupe seront rayés des contrôles.

Toutefois, comme quelques-uns de ces enfants sont orphelins ou dans une situation de tutelle mal définie. les généraux commandant les corps d'armée ne prononceront aucune radiation sans avoir préalablement fait constater, par une enquête locale, les motifs réels du refus ou de la non-production des pièces, et ils devront toujours prendre les ordres du ministre lorsqu'ils croiront qu'il n'y a pas lieu de prononcer la radiation.

Ils auront à faire parvenir au ministre. avant le 1ᵉʳ juillet. l'état des enfants de troupe qui auront été rayés, en indiquant, pour chacun d'eux, les motifs de cette mesure.

## CHAPITRE XI

### ADMISSION DES FILS DE MILITAIRES NON ENFANTS DE TROUPE

Art. 25. Les fils de militaires, non enfants de troupe, remplissant les conditions énumérées à l'article 2 du présent règlement, peuvent être admis dans les écoles militaires préparatoires.

Art. 26. L'établissement, la transmission, l'instruction et le classement des demandes qui les concernent ont lieu conformément aux prescriptions contenues dans les articles 3, 4, 5, 6, 7, 8 et 9.

Art. 27. La désignation de ces enfants pour les places disponibles dans ces écoles est faite selon les règles fixées par les articles 10, 11 et 12.

Art. 28. Leur immatriculation et leur mise en route sur ces établissements s'effectuent d'après les dispositions des articles 30, 31 et 32 ci-après.

## CHAPITRE XII

### RÉPARTITION DES ENFANTS DE TROUPE ENTRE LES DIVERSES ÉCOLES

Art. 29. En principe, les enfants de troupe de l'infanterie et des sections administratives seront dirigés sur l'une des quatre écoles suivantes :

*Ecole de Rambouillet.*

Enfants de troupe appartenant aux 8ᵉ, 13ᵉ, 14ᵉ, 18ᵉ corps et gouvernement de Paris.

*Ecole de Montreuil-sur-Mer.*

Enfants des 1ᵉʳ, 2ᵉ, 5ᵉ, 6ᵉ, 7ᵉ et 20ᵉ corps.

*Ecole de Saint-Hippolyte-du-Fort.*

Enfants des 15ᵉ, 16ᵉ, 17ᵉ, 19ᵉ corps et Tunisie.

*Ecole des Andelys.*

Enfants des 3ᵉ, 4ᵉ, 9ᵉ, 10ᵉ, 11ᵉ et 12ᵉ corps.

Tous les enfants de troupe de la cavalerie seront dirigés sur l'école d'Autun, et ceux de l'artillerie, du génie et du train sur l'école de Billom.

Quant aux enfants de troupe de la gendarmerie, ils seront répartis, autant que possible, dans les écoles de l'arme d'origine de leur père.

Lorsque le nombre des places disponibles dans les écoles rendra cette mesure nécessaire, le ministre pourra modifier l'affectation d'un enfant de troupe.

## CHAPITRE XIII

### MISE EN ROUTE

Art. 30. Le ministre fait connaître en temps utile aux généraux commandant les corps d'armée l'école à laquelle doivent être affectés les enfants de troupe ayant atteint l'âge fixé pour entrer dans les écoles militaires préparatoires, ainsi que la date du jour où ils devront se présenter aux commandants de ces établissements.

Il en est de même pour les candidats, non enfants de troupe, désignés par le ministre pour entrer dans les écoles militaires préparatoires. Ceux-ci seront, en outre, immatriculés dans un corps à la date fixée pour leur mise en route.

Art. 31. Les enfants admis dans les écoles militaires préparatoires ont droit, à dater du jour de leur mise en route, à la solde et aux prestations allouées aux soldats de 2ᵉ classe de l'infanterie. Les conseils d'administration informent les familles des mesures qu'elles ont à prendre pour que ces enfants rejoignent les écoles auxquelles ils ont été affectés.

Art. 32. Leurs dossiers sont transmis aux commandants des écoles auxquelles ils sont affectés, mais ils continuent à figurer sur les contrôles des corps de troupe jusqu'au jour de leur engagement volontaire dans l'armée ou de leur radiation des écoles militaires, pour y participer au bénéfice des legs et fondations attribués à ce corps.

Restent inscrits, pour ordre, jusqu'à 18 ans — mais ne participent pas au bénéfice des legs ou fondations — les enfants que les parents refusent de laisser entrer dans les écoles ou qui sont renvoyés de ces établissements.

# TITRE IV

## Admission des enfants de troupe à l'orphelinat Hériot.

—

## CHAPITRE XIV

### CONDITIONS D'ADMISSION

Art. 33. Les candidats à l'orphelinat fondé par M. le commandant Hériot sont choisis parmi les enfants de troupe orphelins de l'armée de terre.

Art. 34. Ils doivent être fils de soldats, caporaux ou brigadiers ou sous-officiers et être âgés de 5 ans au moins et de 13 ans au plus.

## CHAPITRE XV

### INSTRUCTION DES DEMANDES

Art. 35. Les parents ou tuteurs déclarent, dans la demande qu'ils adressent au conseil d'administration du corps auquel appartient l'enfant de troupe dont ils sollicitent l'admission à l'orphelinat Hériot, qu'ils ont connaissance des dispositions suivantes :

1º Le secours annuel qu'ils reçoivent cessera de leur être payé à partir de la mise en route de l'enfant sur cet établissement ;

2° A l'âge de 13 ans, l'enfant sera admis dans une école militaire préparatoire.

A cette demande sera joint un certificat d'aptitude physique (modèle n° 3).

Art. 36. Lorsqu'ils reçoivent une demande de cette nature, les conseils d'administration établissent, après enquête, un rapport individuel sur la situation dans sa famille de l'enfant qui en fait l'objet.

Art. 37. Au 1er juillet de chaque année, ils transmettent hiérarchiquement aux généraux commandant les corps d'armée un mémoire de proposition (modèle n° 5) pour chaque enfant de troupe dont l'admission à l'orphelinat Hériot est demandée.

Ce mémoire est accompagné de la demande des parents prescrite par l'article 35, du rapport du conseil d'administration et du dossier qui a servi à l'admission du candidat en qualité d'enfant de troupe.

Art. 38. Les propositions d'admission à l'orphelinat sont soumises à la commission régionale en même temps que les demandes concernant l'admission des candidats aux places d'enfants de troupe.

Elles sont examinées par la commission et résumées sur un tableau spécial (modèle n° 9) qui est transmis au ministre *avec les dossiers* concernant les candidats.

Art. 39. Le ministre prononce les admissions à l'orphelinat Hériot et en informe les commandants des corps d'armée, en leur renvoyant les dossiers des candidats dont la proposition n'a pu être accueillie.

Les dossiers des candidats admis sont adressés au commandant de l'orphelinat.

## CHAPITRE XVI

### ADMISSION A L'ORPHELINAT

Art. 40. Les enfants de troupe désignés pour être admis à l'orphelinat entrent dans cet établissement dans le courant du mois d'octobre, au jour fixé par le ministre.

A partir du jour de leur mise en route, ils ont droit à la solde et aux prestations allouées aux soldats de 2ᵉ classe de l'infanterie, comme les élèves des écoles militaires préparatoires auxquels ils sont assimilés.

Ils continuent également à figurer sur les contrôles des corps jusqu'au jour de leur engagement dans l'armée.

## CHAPITRE XVII

### MISE EN ROUTE SUR L'ORPHELINAT

Art. 41. Dès que les parents sont informés de l'admission des enfants, ils font connaître immédiatement à l'autorité militaire s'ils ont l'intention de les conduire eux-mêmes à l'orphelinat à La Boissière (1) (Seine-et-Oise) à la date prescrite. Dans ce cas, il leur sera délivré, pour l'enfant de troupe intéressé et à son nom, une feuille de route.

Art. 42. Les enfants que leurs parents ne peuvent pas conduire eux-mêmes sont dirigés sur l'école par les soins de l'autorité militaire, qui prescrit les mesures nécessaires et les porte à la connaissance des familles.

Fait à Paris, le 10 octobre 1901.

*Le Ministre de la guerre,*

Général L. ANDRÉ.

———

(1) Les enfants admis à l'orphelinat y seront conduits directement par Epernon (Eure-et-Loir), où un gradé de service à la gare sera chargé de fournir tous les renseignements nécessaires.

# ANNEXE Nº 1

## Recrutement des écoles militaires préparatoires

*Instruction sur les soins que doivent apporter les médecins militaires dans l'examen des enfants de troupe candidats aux écoles militaires préparatoires.*

Paris, le 5 mars 1899.

Le certificat d'aptitude physique que doivent produire les enfants de troupe candidats aux écoles militaires préparatoires, doit être établi exclusivement par les médecins militaires.

A cet effet, ceux-ci auront en vue non seulement l'intérêt de l'enfant soumis à leur examen, mais aussi l'intérêt des camarades avec lesquels il est destiné à vivre et celui de l'Etat. Les écoles préparatoires ont pour but de fournir des sujets à l'armée : il est rationnel que les frais d'éducation soient plus tard compensés par les services que seront appelés à rendre les jeunes gens ayant bénéficié d'une instruction générale et militaire; la première règle sera donc de n'admettre que les enfants dont l'état physique promet un développement régulier et qui ne sont atteints d'aucune infirmité pouvant les empêcher de contracter un engagement à l'âge de 18 ans.

D'autre part, les dangers des contaminations possibles dans la vie commune des écoles tiendra l'esprit des médecins en éveil, et ils auront à rechercher avec soin les formes qu'affectent dans l'enfance un certain nombre d'affections réputées contagieuses. Les défectuosités physiques, les infirmités apparentes ou cachées, les maladies qui doivent entraîner la non admission d'un enfant de troupe dans les écoles préparatoires, sont celles qui ont été spécifiées dans l'instruction ministérielle du 13 mars 1894 sur l'aptitude au service militaire. Elle sera rigoureusement observée, ainsi que cela a lieu pour les engagements volontaires et pour les diverses opérations du recrutement.

Un examen d'ensemble précédera l'exploration détaillée des organes. L'enfant sera mis à nu en présence de l'un de ses parents ou d'une personne désignée par la famille, qui, s'il hésite à se prêter à cette visite complète, le rassurera et le décidera à enlever ses vêtements. La taille sera mensurée. On admet généralement qu'un sujet qui, à l'âge de 18 ans, présente $1^m,54$ de hauteur, devrait avoir $1^m,33$ à l'âge de 13 ans. On ne saurait, cependant, refuser un enfant, d'ailleurs bien constitué, dont la taille n'atteindrait pas rigoureusement ce dernier chiffre ; le médecin recherchera si l'exiguïté de la stature n'est pas sous la dépendance immédiate de la faiblesse de constitution ou d'un vice organique, et, dans le cas où il en serait ainsi, il ne délivrerait pas le certificat d'aptitude. Il ne perdra pas de vue que certaines maladies plus particulières au jeune âge laissent des vestiges extérieurs apparents, tels que : atrophies infantiles, paralysies partielles, contractures spasmodiques relevant de la chorée, tuberculoses locales, rachitisme, déviations des membres, et que certaines de ces infirmités, qu'on soupçonne à peine lorsque l'enfant reste immobile, se manifestent aussitôt qu'on le fait marcher.

Le médecin auscultera soigneusement les organes thoraciques de chaque enfant; il déterminera l'acuité visuelle et l'état de la réfraction oculaire. Enfin, si certaines manifestations pathologiques aiguës ou sub-aiguës constatées étaient susceptibles de guérison entre le moment de l'examen médical et la limite réglementaire fixée pour la production des pièces en vue de l'admission (limite fixée au 15 mai par l'instruction sur l'admission dans les écoles préparatoires), le médecin remettrait à une date ultérieure une nouvelle présentation du candidat en vue de la détermination à prendre.

# MODÈLES

—

1. Demande d'admission en qualité d'enfant de troupe.
2. Certificat constatant la situation de la famille de l'enfant.
3. Certificat d'aptitude physique.
4. Demande d'admission dans une école militaire préparatoire.
5. Mémoire de proposition.
6. Tableau de classement des demandes.
7. Bulletin trimestriel des mutations.
8. Situation nominative des enfants de troupe.
9. Etat nominatif des enfants de troupe proposés pour l'orphelinat Hériot.

# TABLE DES MATIÈRES



---